Mitanga

2
EDUCAÇÃO INFANTIL

EM JOGOS

MITANGA PALAVRA DE ORIGEM TUPI QUE SIGNIFICA "CRIANÇA" OU "CRIANÇA PEQUENA".

Editora do Brasil

SUMÁRIO

COLOCANDO A CASA EM ORDEM

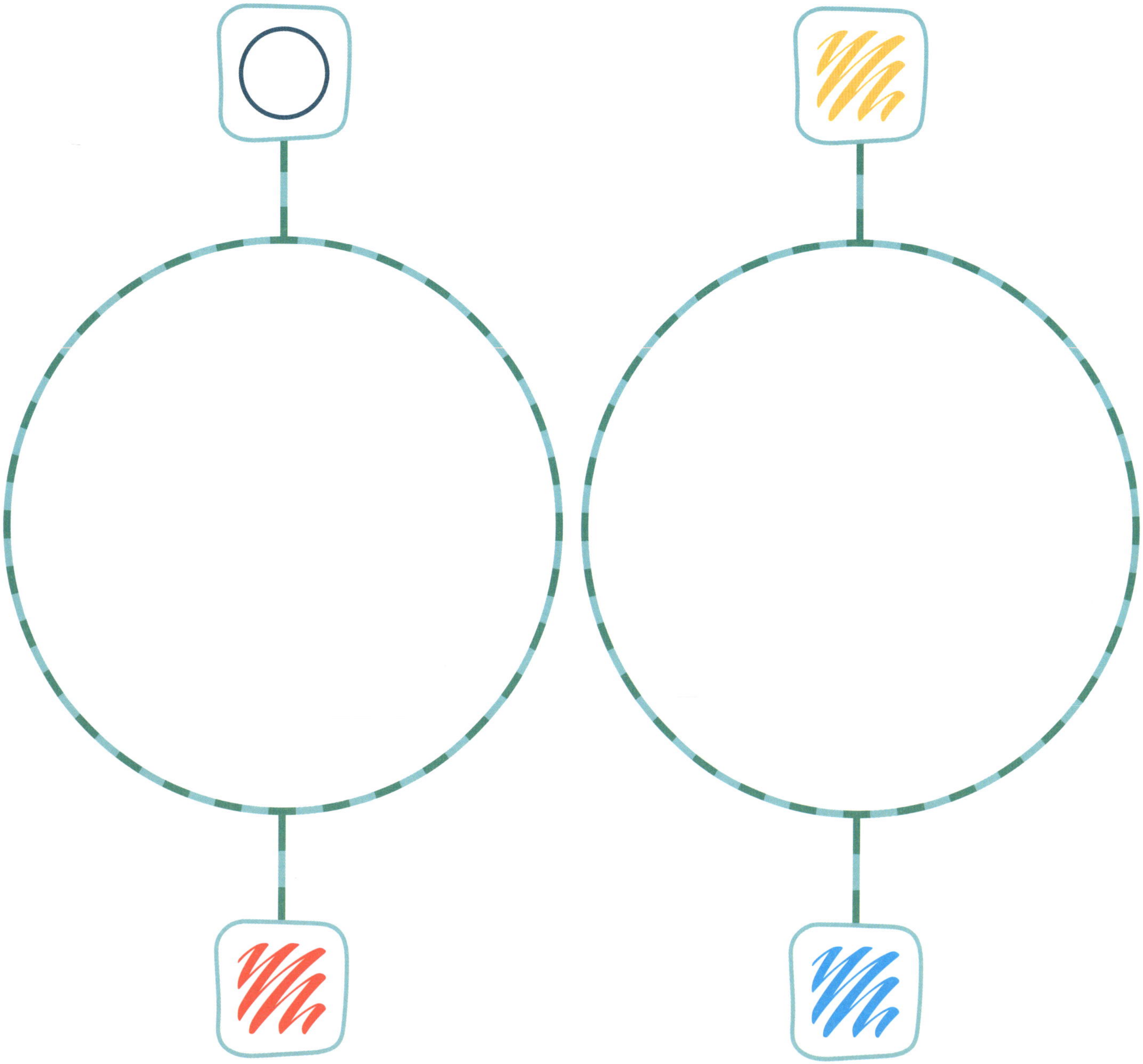

Vamos colocar a casa em ordem?

Observe com atenção as placas que estão junto de cada casa circular. Depois, encontre os moradores de cada uma delas e coloque-os dentro de casa.

Cada casa deve conter somente os moradores que atendem às solicitações das placas indicativas.

Para isso, recorte o ***Kit* figuras geométricas planas** da página 23 e utilize-o nesta atividade.

QUEM SOU EU?

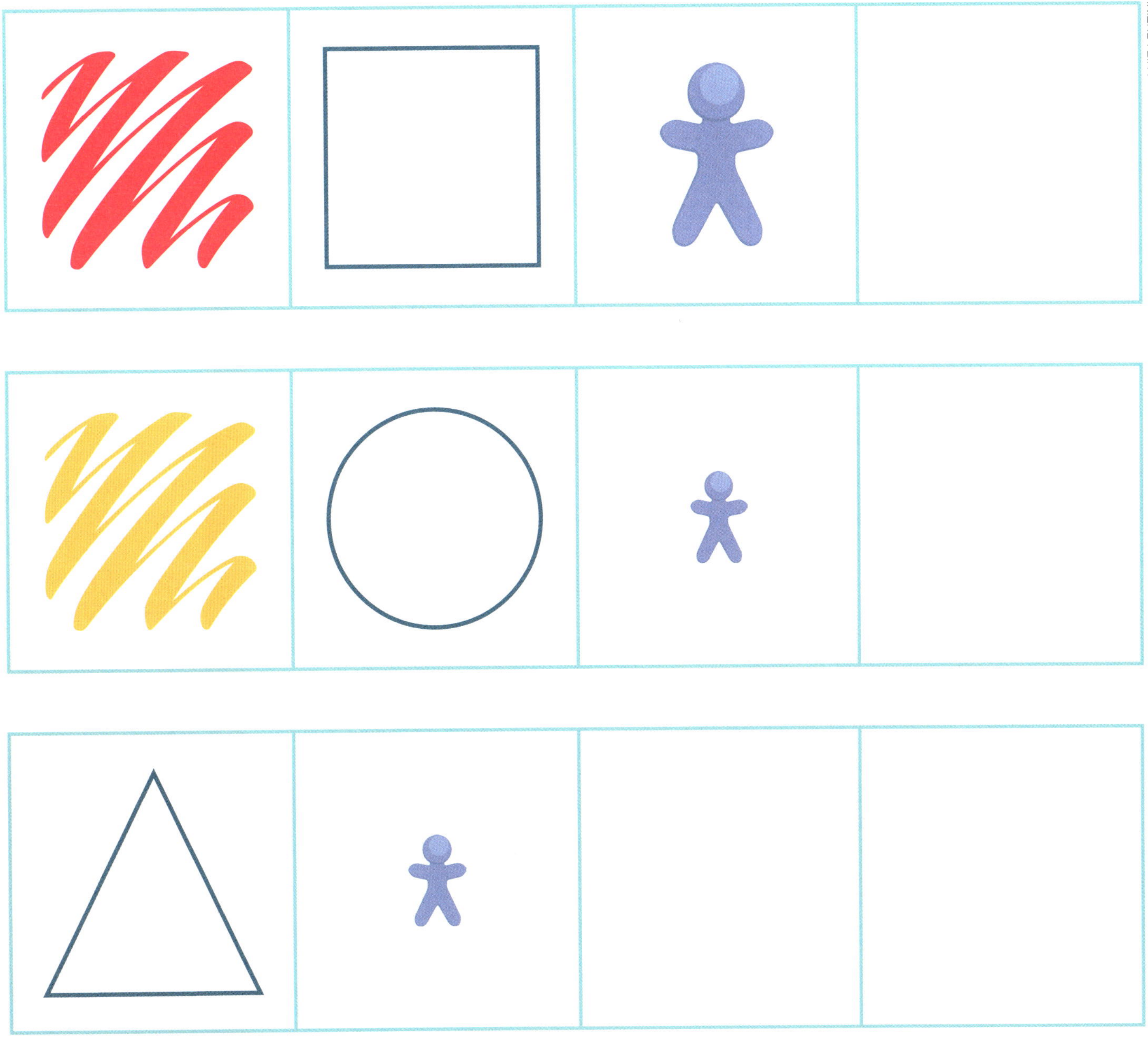

LUIZ LENTINI

Você é bom em seguir pistas?

Observe as pistas apresentadas e perceba a cor, o formato e o tamanho indicados.

Agora, um desafio! Descubra as figuras geométricas planas que têm as características apresentadas em cada sequência de pistas e coloque-as nos espaços corretos.

Para isso, utilize seu ***Kit* figuras geométricas planas**.

CADA UM EM SEU LUGAR

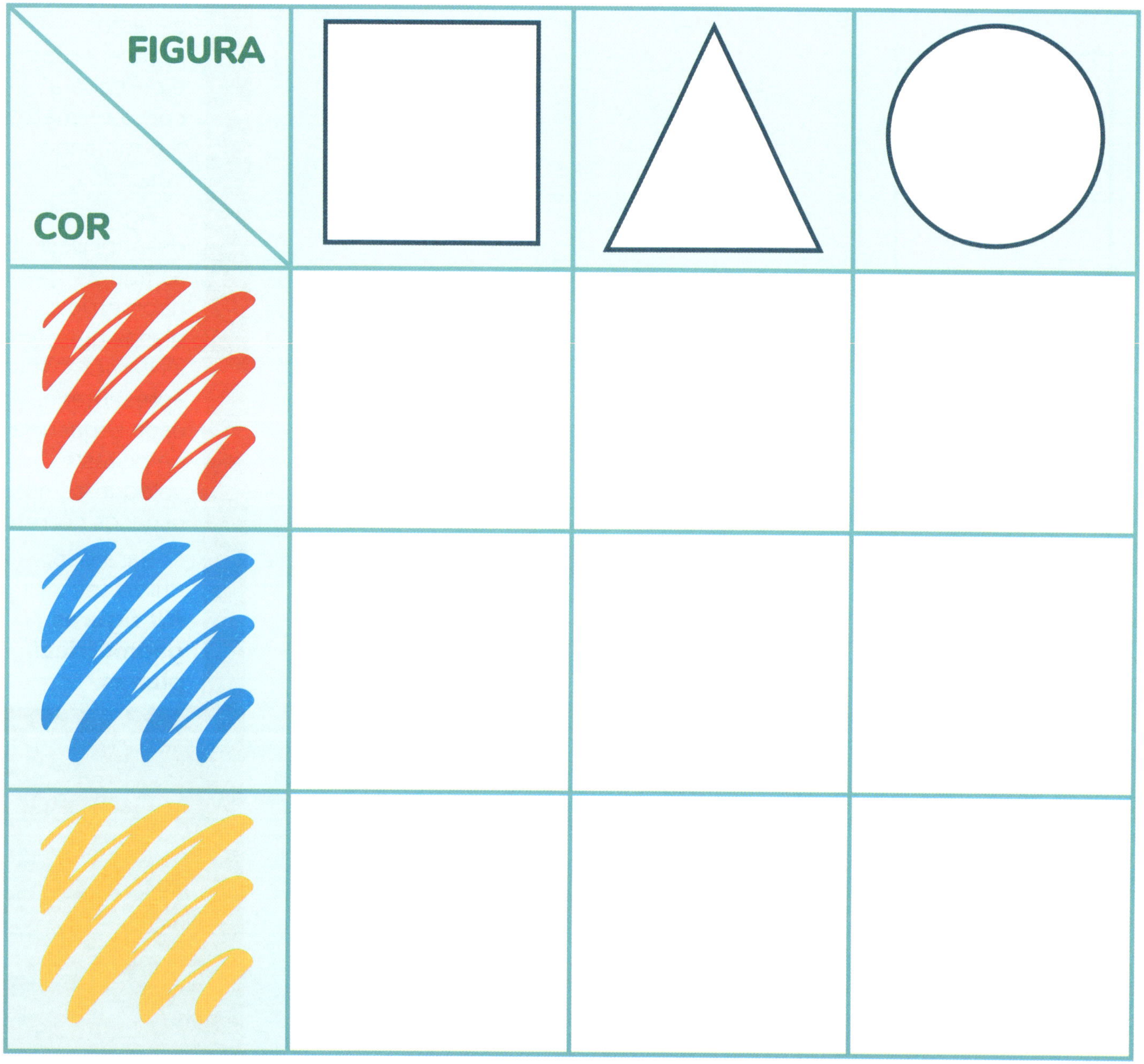

ILUSTRAÇÕES: DAE

▼ Vamos colocar as figuras geométricas planas em seus devidos lugares?

Observe atentamente as cores e as formas indicadas no tabuleiro. Depois, escolha a figura que atende às características correspondentes à combinação de cada linha com cada coluna e coloque-a na casa correta. Para isso, utilize seu ***Kit* figuras geométricas planas.**

JOGO DAS FORMAS

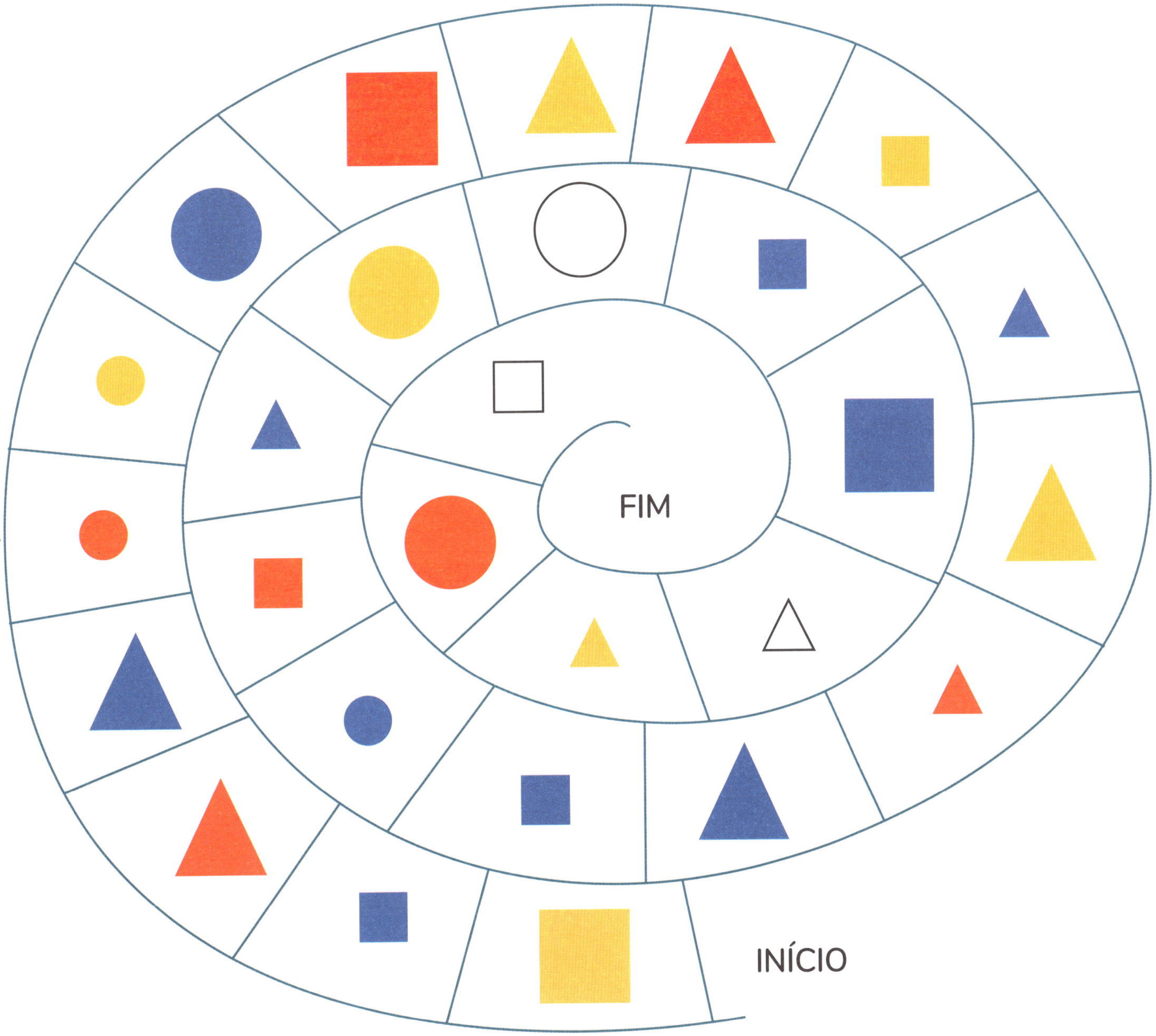

ILUSTRAÇÕES: DAE

Você já brincou de caracol?

Em cada casa desse caracol há uma figura geométrica. Observe!

Para jogar, você precisará de um dado, de um colega e de dois pinos.

Alternadamente, cada um joga o dado, conta os pontos e anda a quantidade de casas correspondente ao total de pontos sorteados. Ao chegar à casa, diz uma característica da figura que está lá.

Vamos ver se você é craque em cores, formas e tamanhos!

OS MONSTRINHOS

ILUSTRAÇÕES: HENRIQUE BRUM

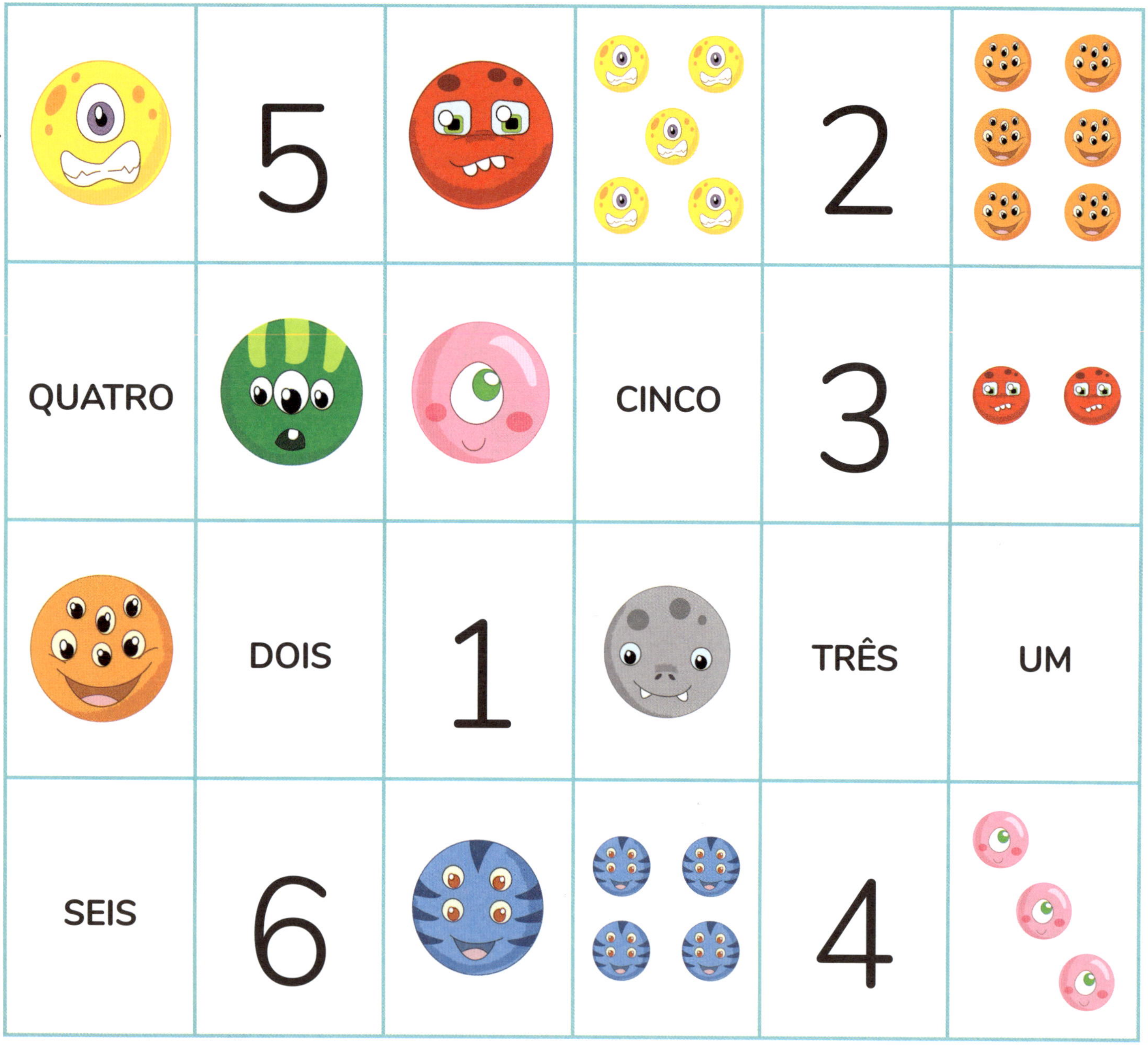

- Você conhece esses monstrinhos?

Observe o tabuleiro e veja que há diferentes quantidades representadas nele. Uma quantidade pode estar representada por número, palavra, figuras ou detalhes das figuras, como a quantidade de olhos e dentes de cada monstrinho.

Para jogar, você precisará de um dado e de marcadores.

Jogue o dado, conte os pontos e marque no tabuleiro as casas que representam a quantidade sorteada.

CARTAS DIVERTIDAS

ILUSTRAÇÕES: HENRIQUE BRUM

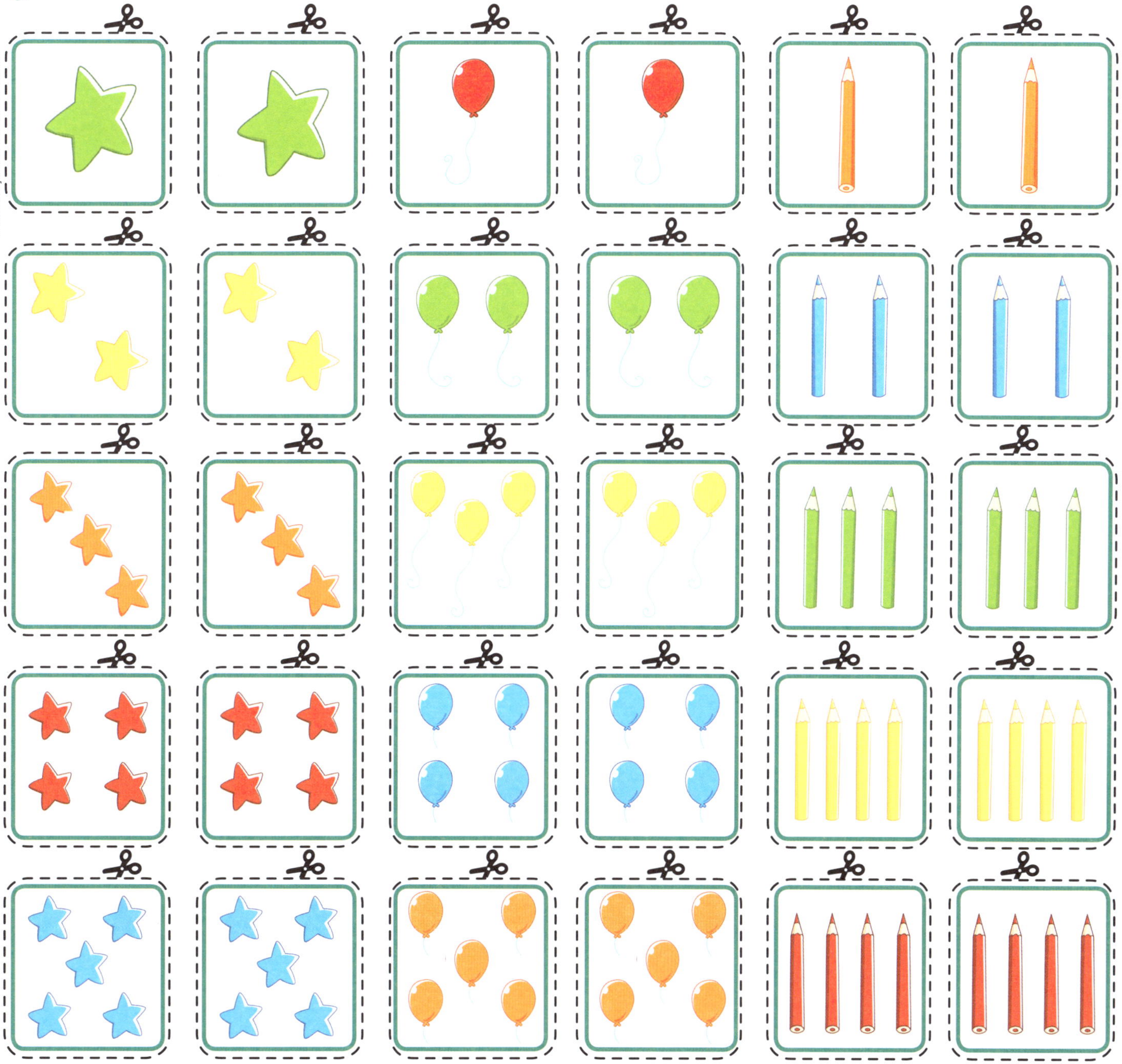

Você já brincou com cartas?

Recorte as cartas ao lado e forme pares iguais.

Escolha também os critérios que desejar para fazer a combinação das cartas.

Além disso, você pode praticar diferentes jogos, como “jogo da memória” e “jogo dos 5 elementos”.

Divirta-se!

ORGANIZANDO OS BRINQUEDOS

ILUSTRAÇÕES: MARCOS MACHADO

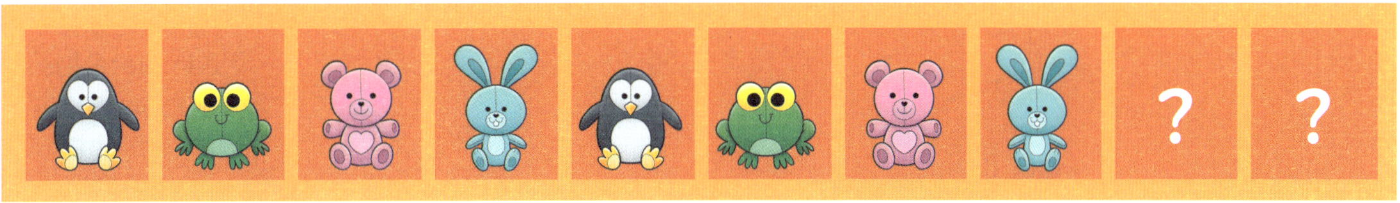

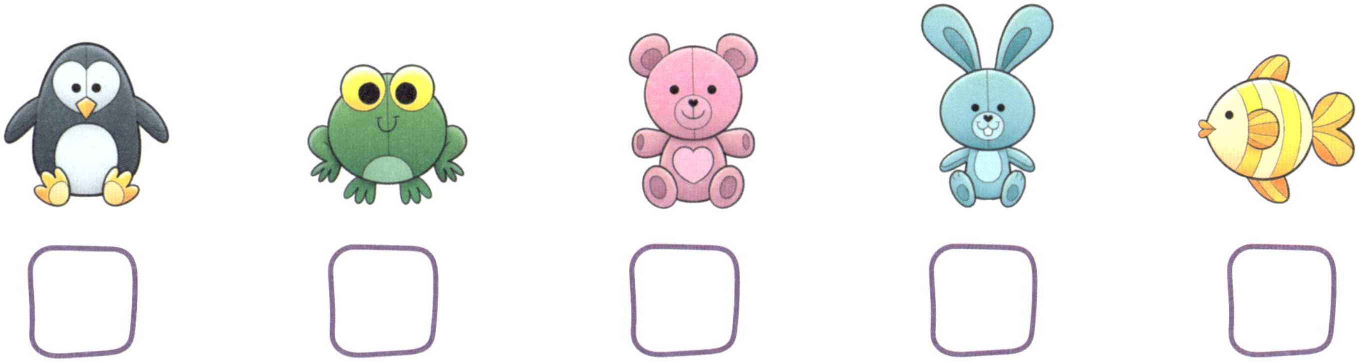

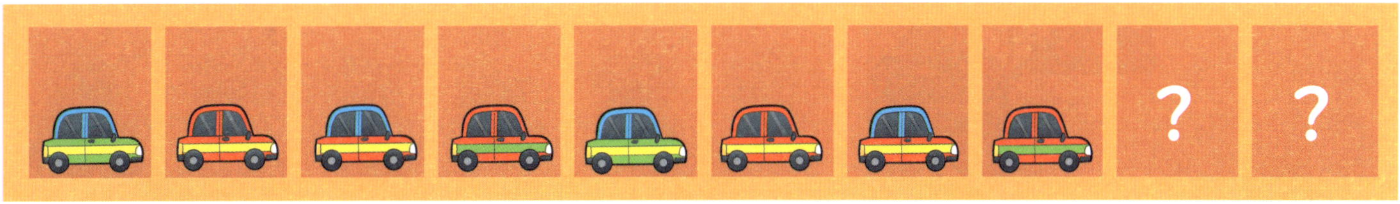

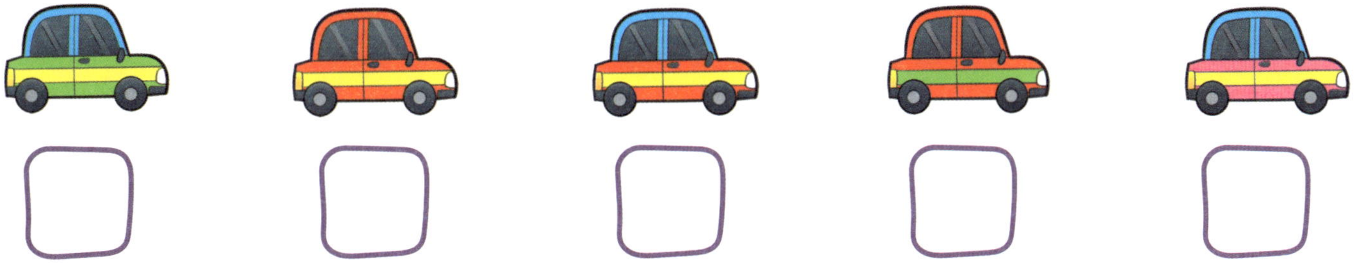

- Você organiza seus brinquedos?

  Alguns brinquedos foram organizados em prateleiras e formaram sequências.

  Recorte os brinquedos da página 25 para completar as prateleiras seguindo as sequências e marque um **X** nos quadrinhos dos brinquedos que ocupam a 10ª posição.

- Que outras sequências você pode formar com essas figuras?

ENCAIXE PERFEITO

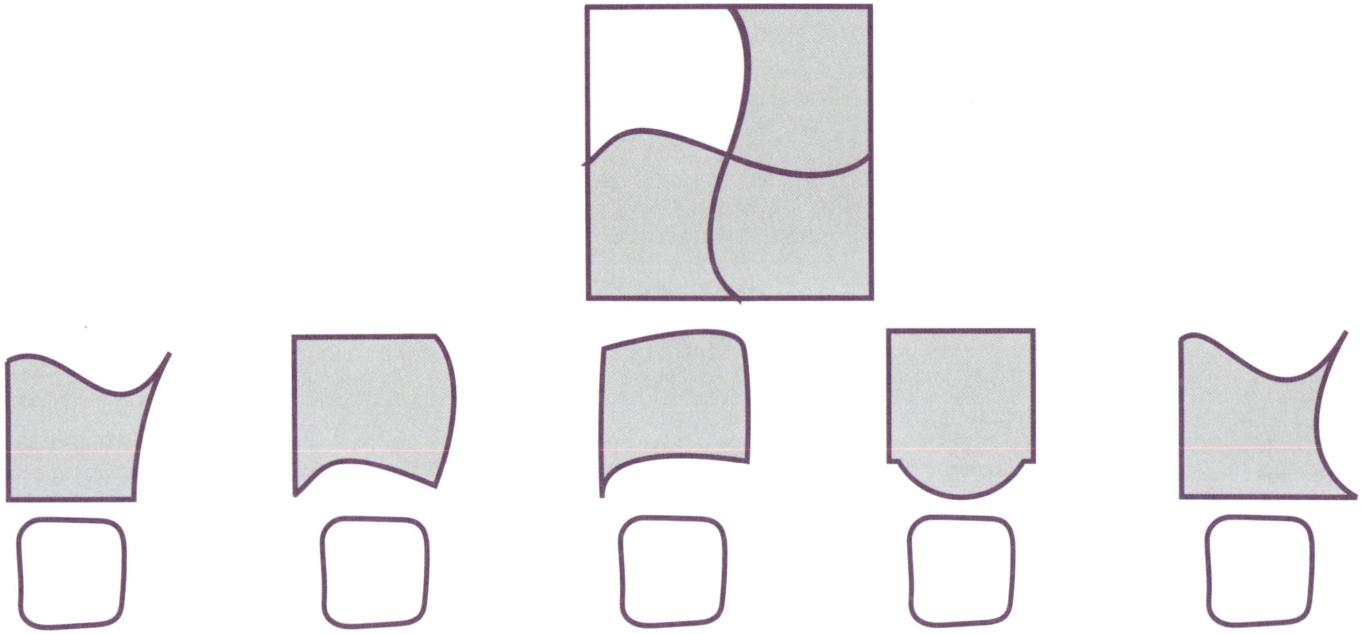

ILUSTRAÇÕES: DAE

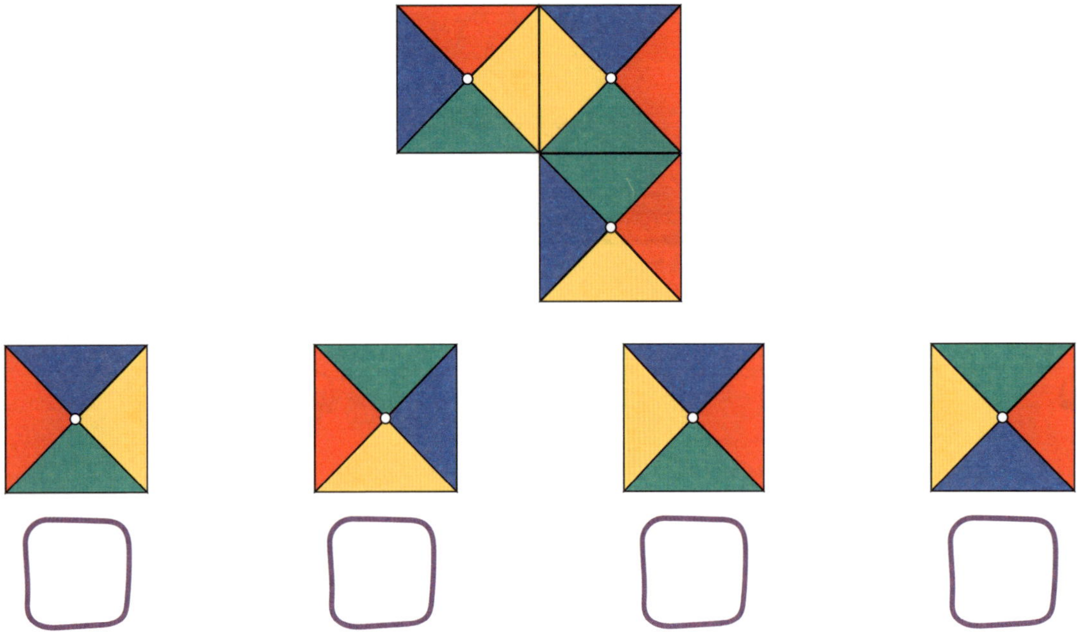

Observe com atenção os quebra-cabeças e as peças que faltam para completá-los.

- Quais peças têm um encaixe perfeito?
- Marque-as com um **X**.

Depois, recorte as peças da página 25 e monte os quebra-cabeças para conferir sua resposta.

JOGO DAS LINHAS

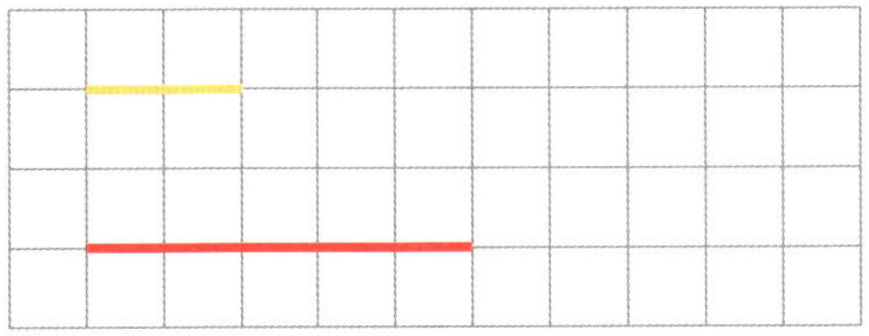

LINHA MAIS COMPRIDA

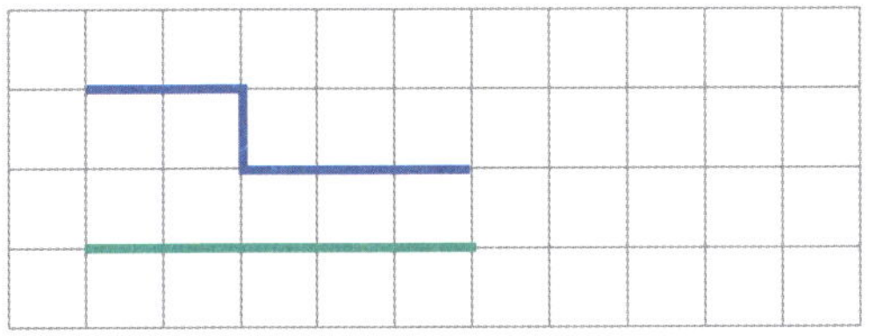

LINHA MAIS COMPRIDA

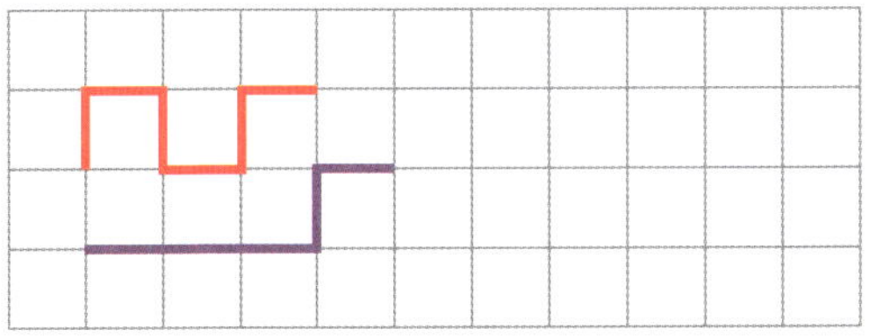

LINHA MAIS COMPRIDA

DESAFIO!

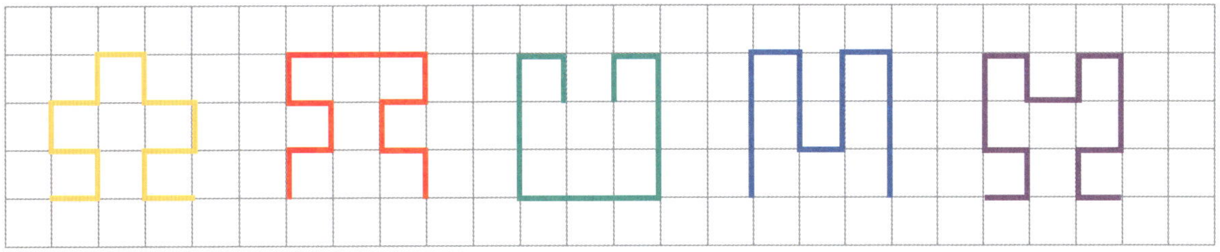

ILUSTRAÇÕES: DAE

LINHA MAIS COMPRIDA

- Você é bom em seguir linhas?

  Observe as linhas traçadas em cada malha quadriculada e perceba a cor, o formato e o comprimento delas.

  Depois, pinte o quadrinho próximo a cada malha com a cor da linha mais comprida.

- Qual estratégia você usou para descobrir a linha mais comprida?

SIGA O MESTRE

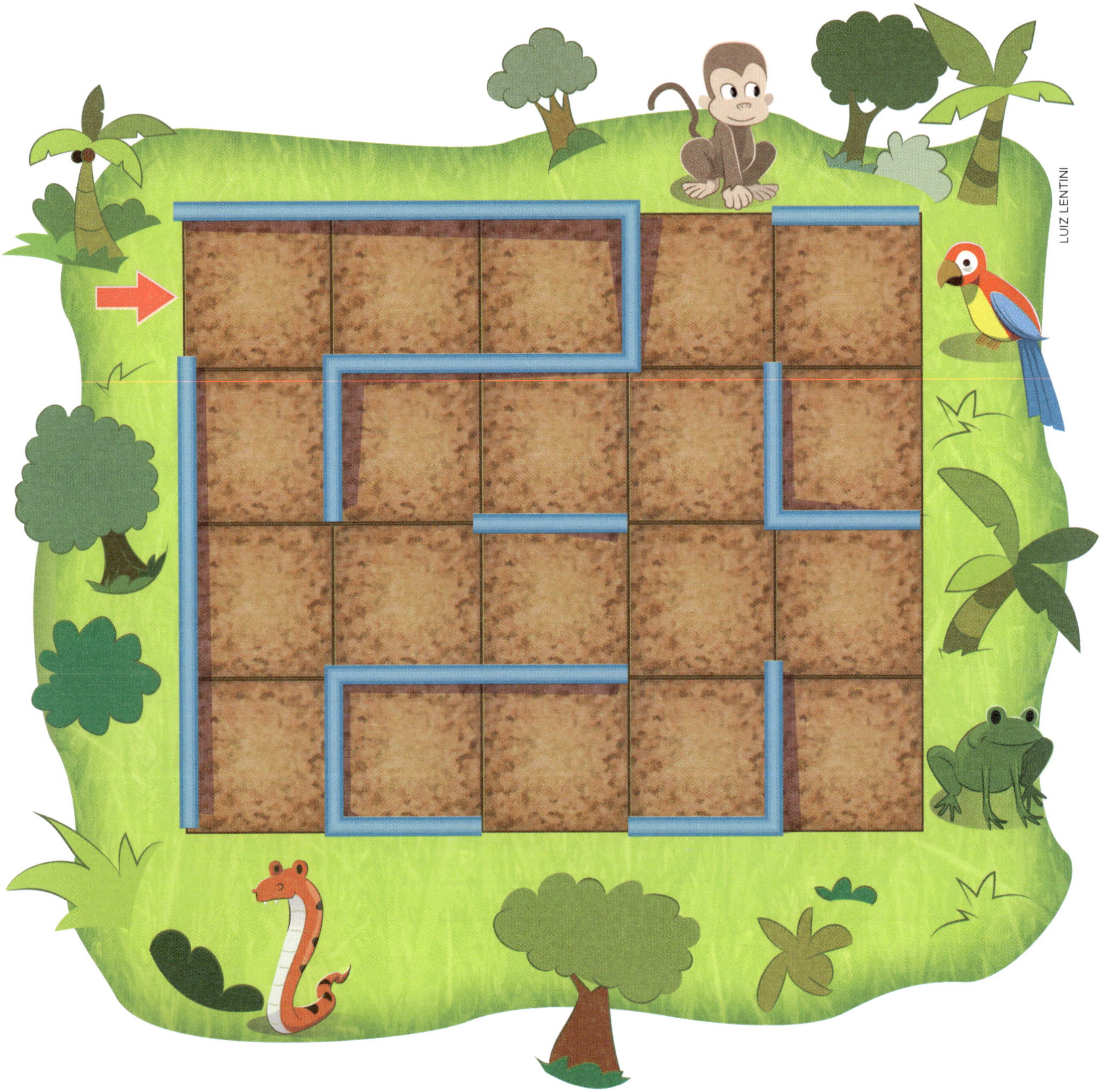

Vamos caminhar até os animais?

É só seguir o que o mestre mandou! Para isso, recorte as peças da página 15 e observe atentamente cada sequência de setas dessa mesma página. Depois, escolha uma sequência e, com o dedo ou uma ficha de EVA, siga no tabuleiro os comandos indicados pelas setas para descobrir a sequência que leva a cada animal.

Quando encontrar o caminho, cole a carta com o animal no quadro ao lado da sequência de setas que você seguiu na página 15.

O MESTRE MANDOU...

1 → ↓ ↓ → ↑ → → ↑ ↑

2 → ↓ ↓ ↓ ↓

3 → ↓ ↓ → ↑ → → ↑ → →

4 → ↓ ↓ → → → → ↓ →

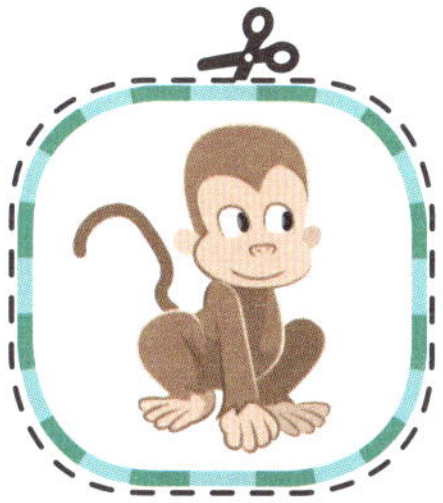

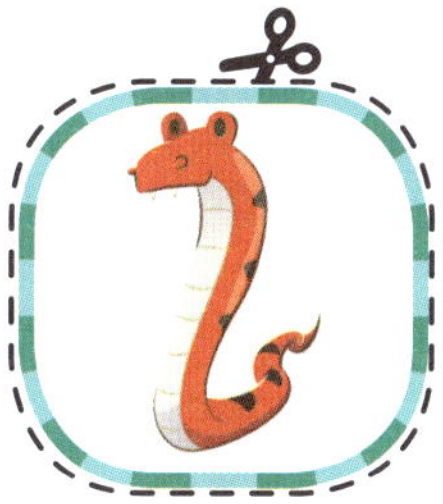

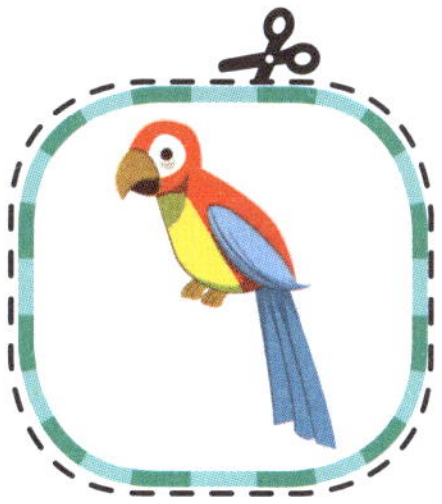

ILUSTRAÇÕES: LUIZ LENTINI

JOGO DAS AVES

ILUSTRAÇÕES: HENRIQUE BRUM

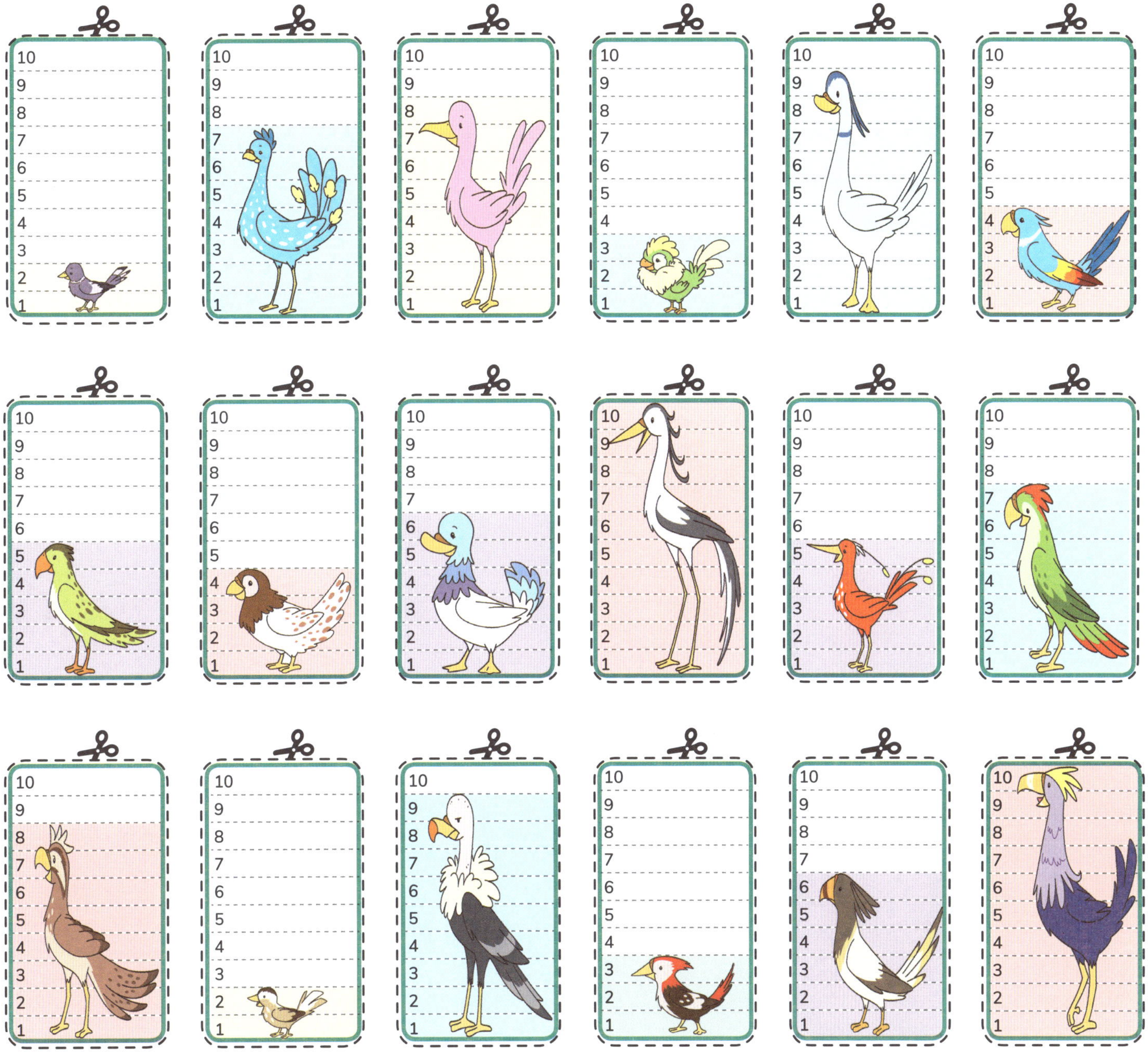

▼ Você conhece muitas espécies de aves?

Em nosso país, há inúmeras aves, de muitas cores e tamanhos.

Recorte as cartas ao lado e forme pares com as aves que têm o mesmo tamanho.

COMO FICARÁ?

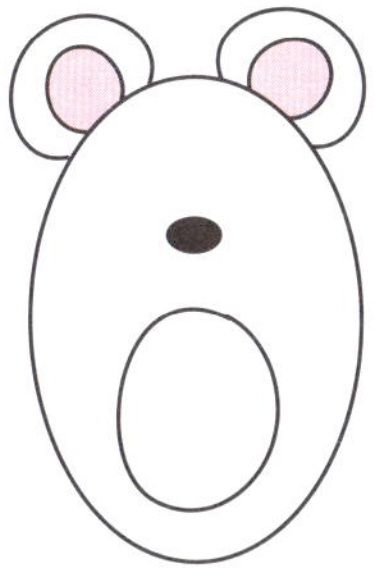

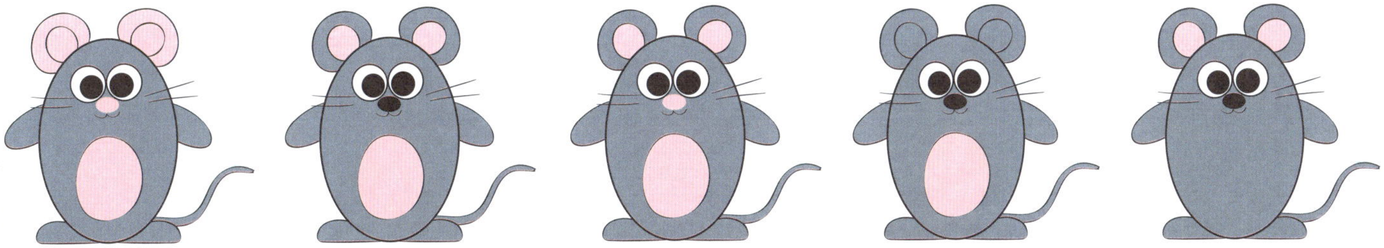

ILUSTRAÇÕES: BRUNA ISHIHARA

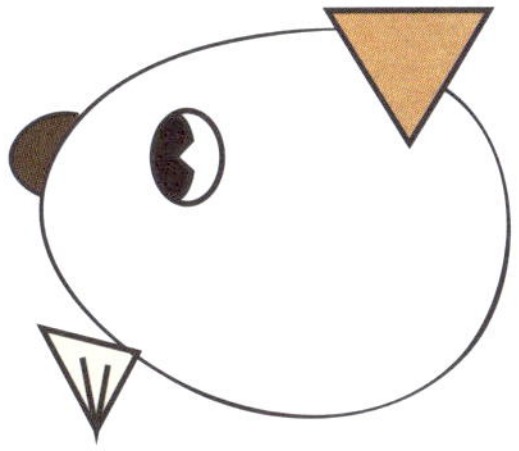

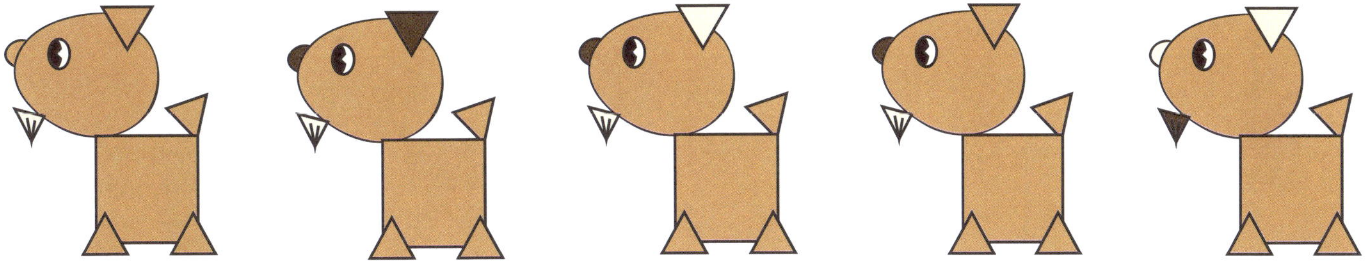

Observe o desenho inicial do ratinho, ou seja, quando ele começou a ser feito.

- Como será que ele ficará quando for finalizado?

Observe agora o desenho dos ratinhos finalizados e descubra qual deles corresponde ao desenho inicial.

- Que estratégia você usou para resolver este desafio?

Faça o mesmo procedimento com o desenho do bode.

- Você pôde usar a mesma estratégia que usou com o ratinho?

OS MONSTRENGOS

ILUSTRAÇÕES: HENRIQUE BRUM

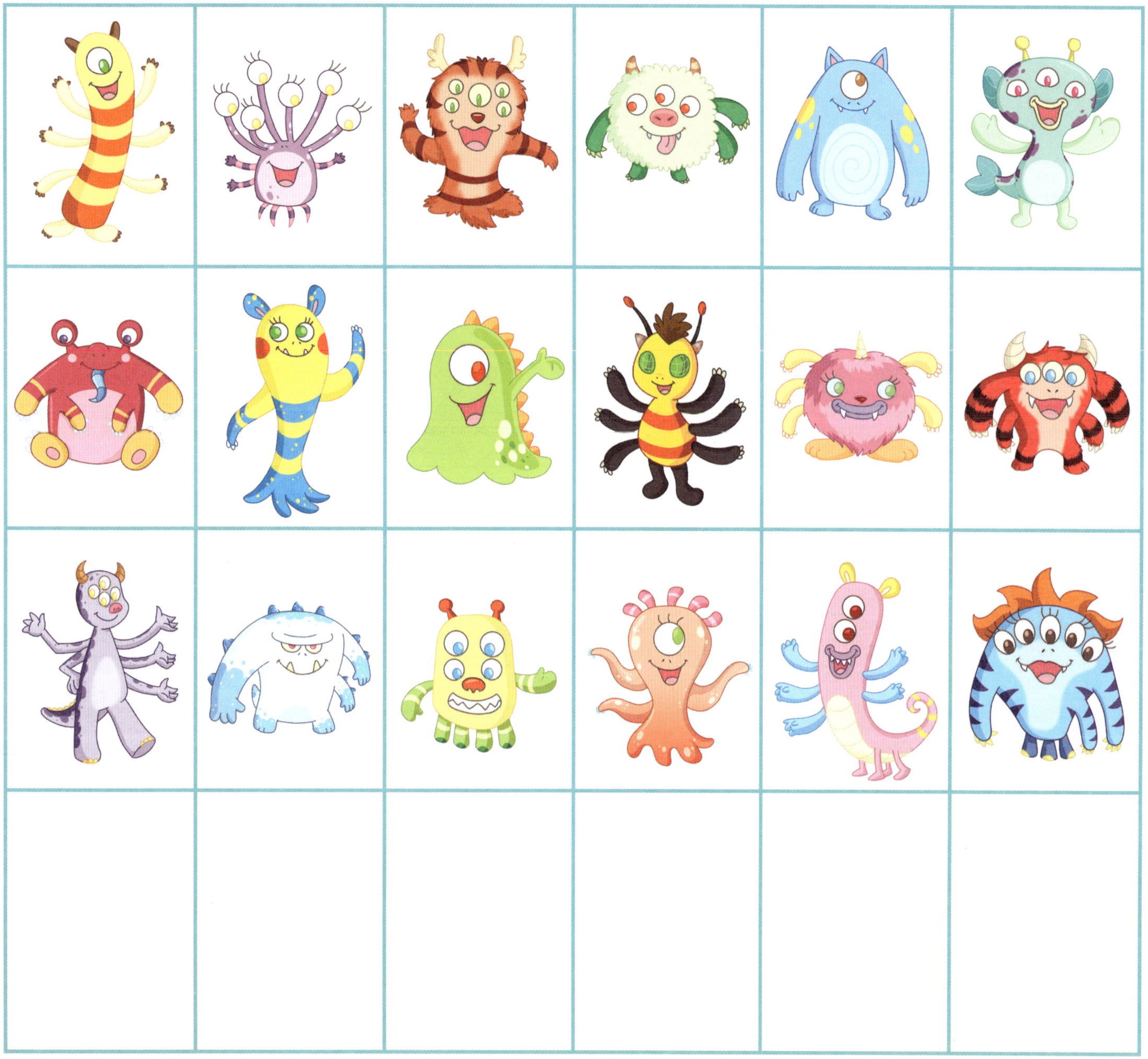

Vamos encontrar os monstrengos?

Para jogar, recorte as duas roletas da página 27 e monte-as: uma delas indica a quantidade de braços dos monstrengos e a outra, a de olhos. Gire-as e descubra o monstrengo que atende à combinação das características sorteadas em cada roleta.

Ao encontrar o monstrengo no tabuleiro, marque-o com uma ficha de EVA. Caso nenhum monstrengo do tabuleiro atenda à combinação sorteada, desenhe-o nos quadros vazios. Continue jogando até marcar todos os monstrengos.

OLHANDO DE CIMA

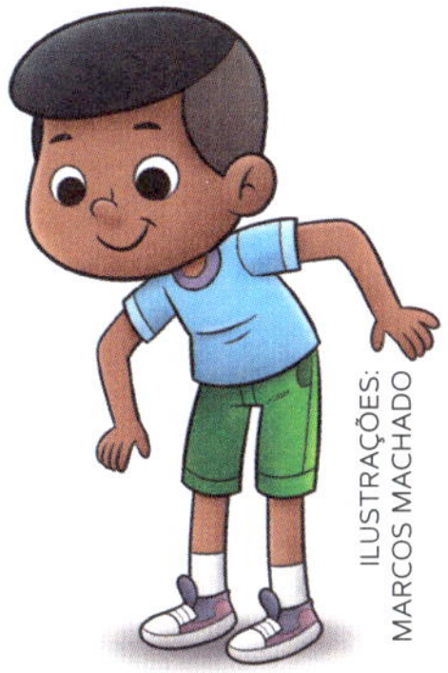

ILUSTRAÇÕES: MARCOS MACHADO

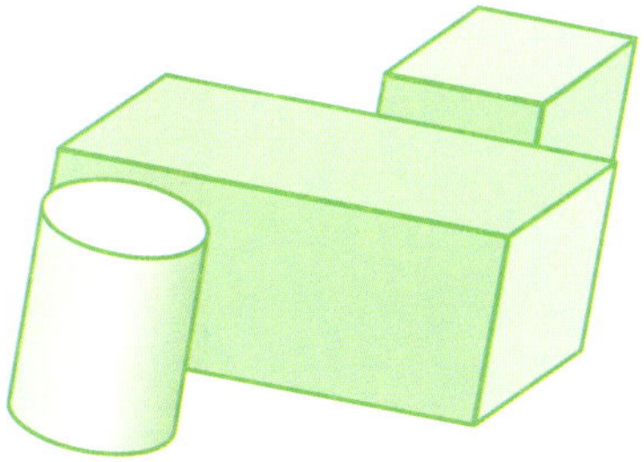

ILUSTRAÇÕES: DAE

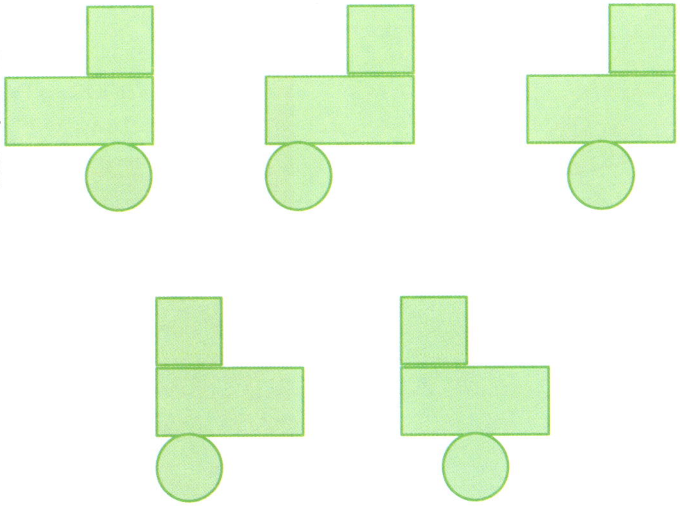

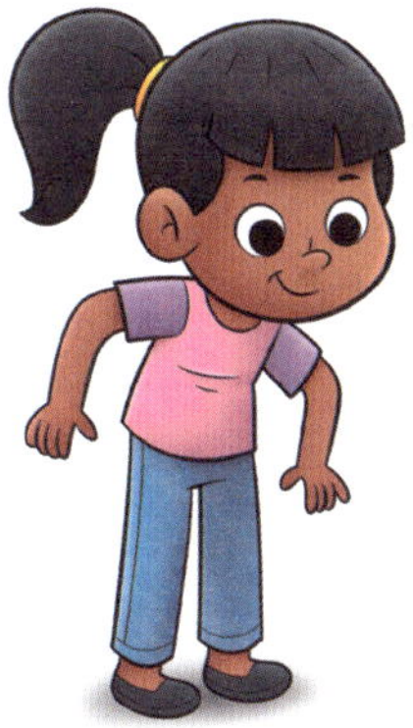

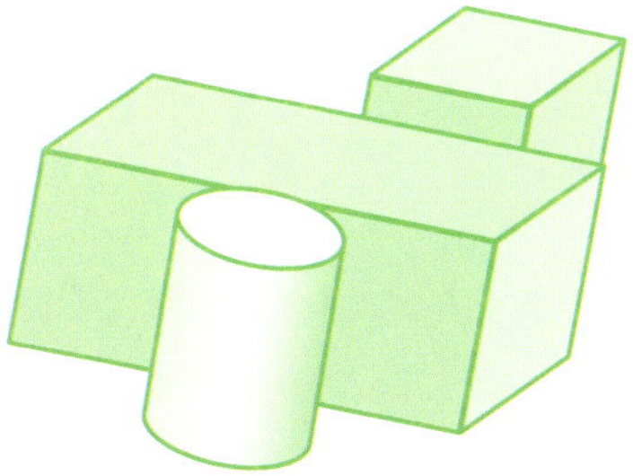

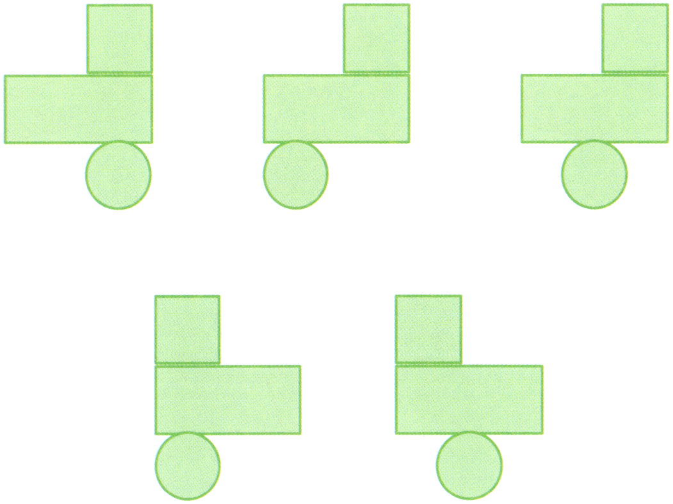

Observe os sólidos geométricos ilustrados e a posição que ocupam em cada desenho.

- O que as crianças veem quando olham esses sólidos de cima?

Imagine qual seria a imagem desses sólidos se fossem vistos de cima e marque a opção correspondente.

Depois, recorte os moldes da página 29, monte os sólidos geométricos e reproduza as combinações para verificar sua hipótese.

A FLOR ENCANTADA

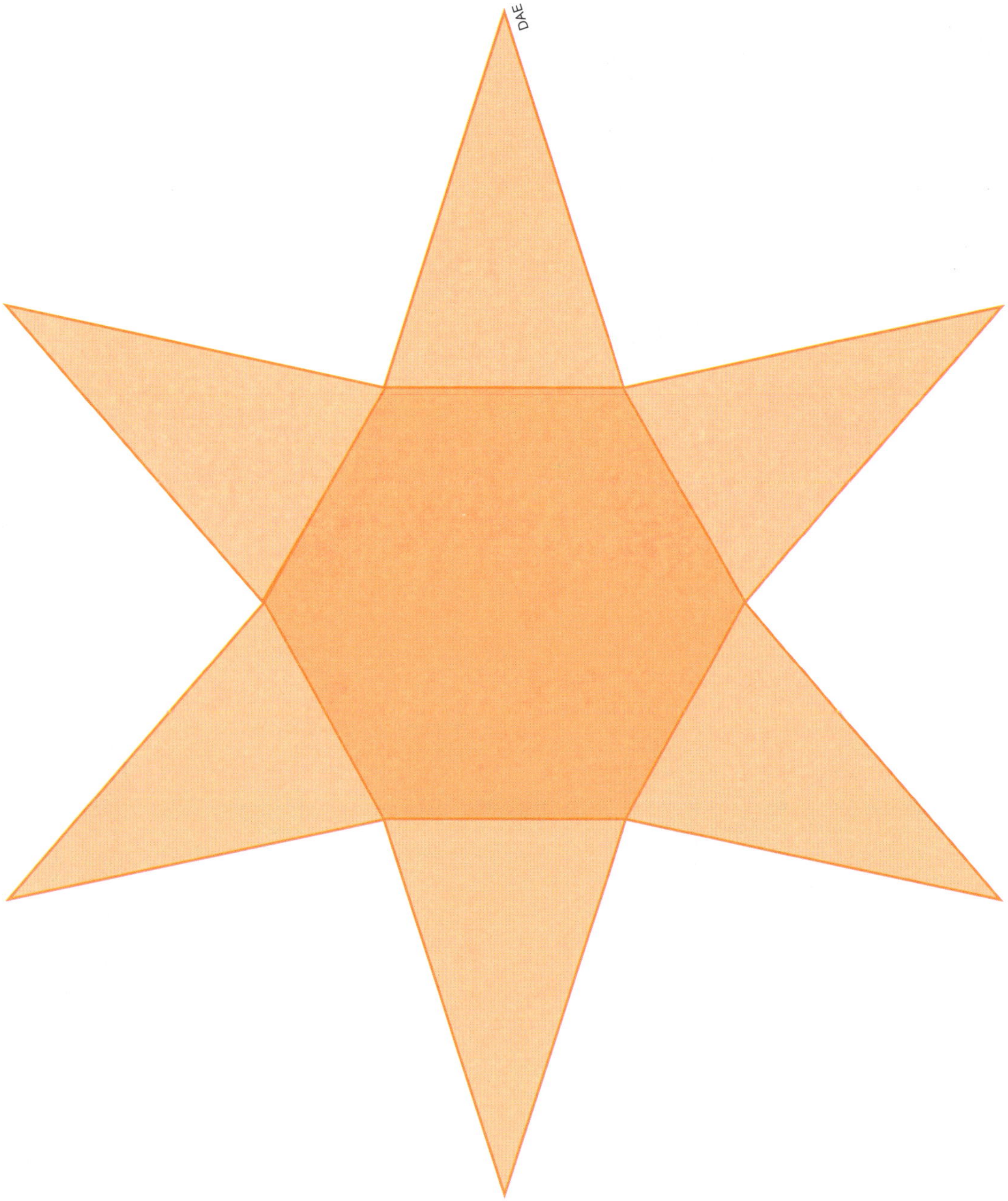

DAE

- Você já viu uma flor encantada? Vamos montá-la?

Para isso, recorte as peças da página 31 e encaixe-as nas casas do tabuleiro, deixando juntos os lados correspondentes. Ou seja, as peças com figuras devem ficar encostadas no número que representa a quantidade de figuras dela. Observe que uma das peças contém apenas números. Inicie por ela, encaixando-a no miolo da flor!

ENCARTES

PÁGINA 4 – KIT FIGURAS GEOMÉTRICAS PLANAS

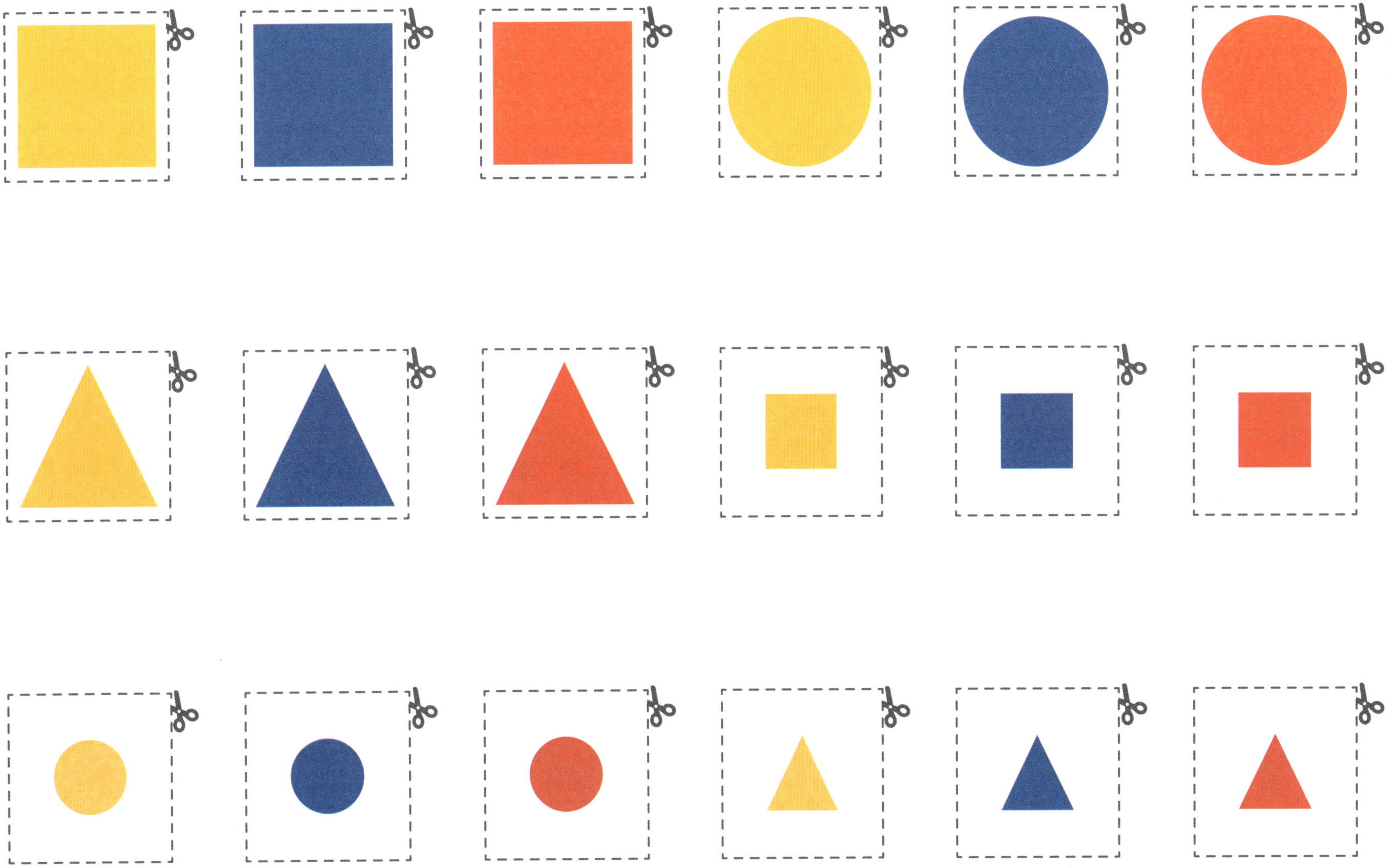

ILUSTRAÇÕES: DAE

PÁGINA 11 – PEÇAS DO JOGO "ORGANIZANDO OS BRINQUEDOS"

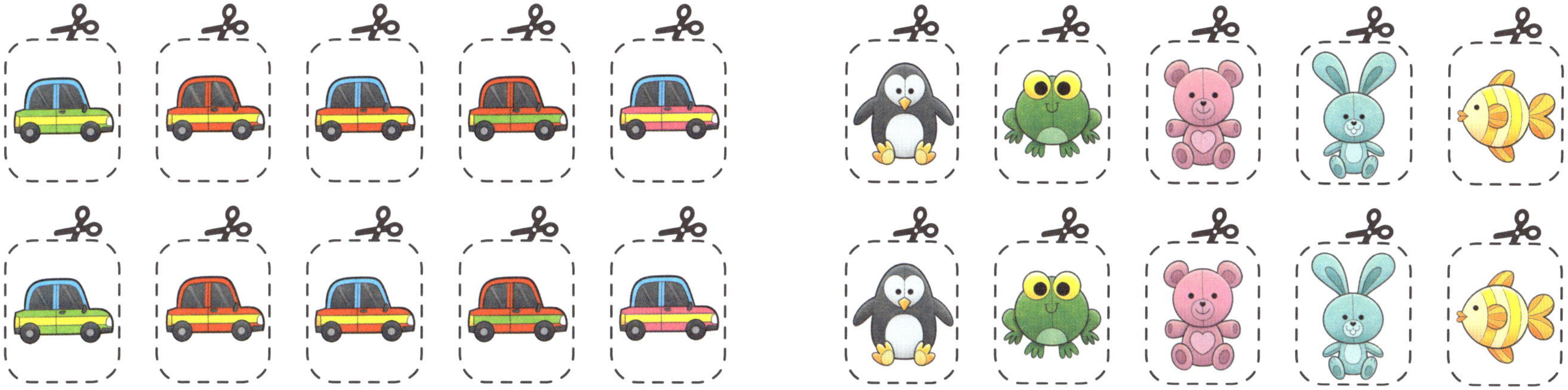

ILUSTRAÇÕES: MARCOS MACHADO

PÁGINA 12 – PEÇAS DO JOGO "ENCAIXE PERFEITO"

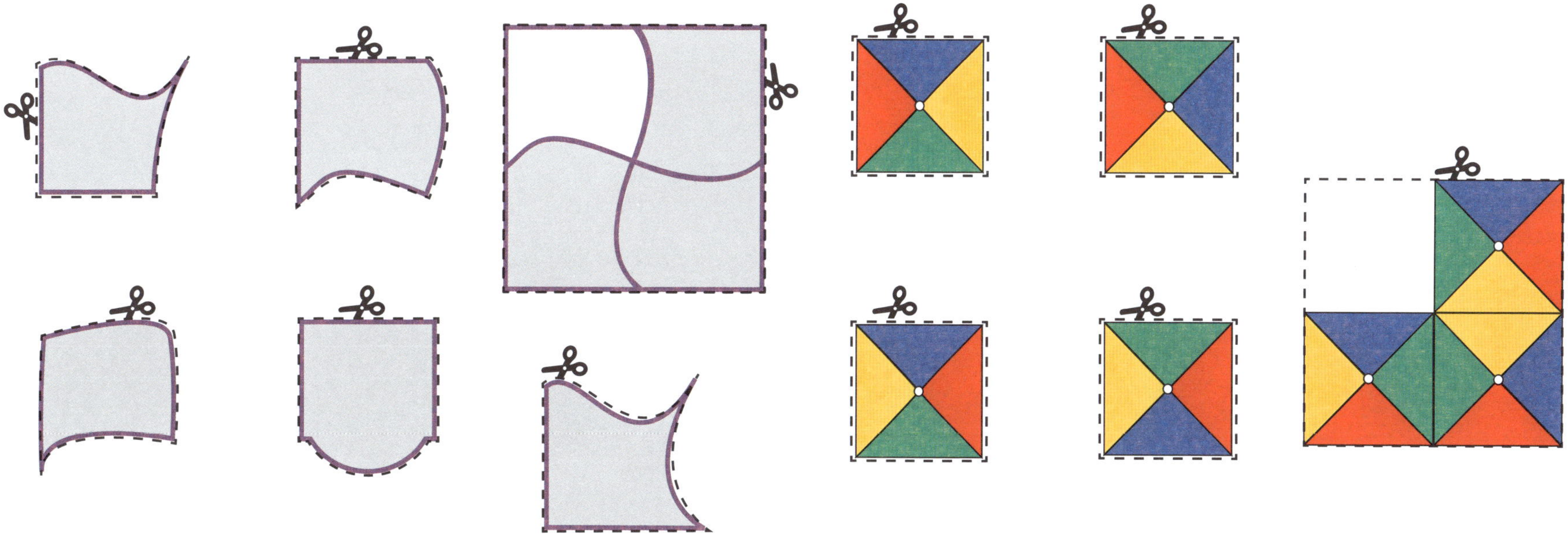

ILUSTRAÇÕES: DAE

PÁGINA 20 – PEÇAS DO JOGO "OS MONSTRENGOS"

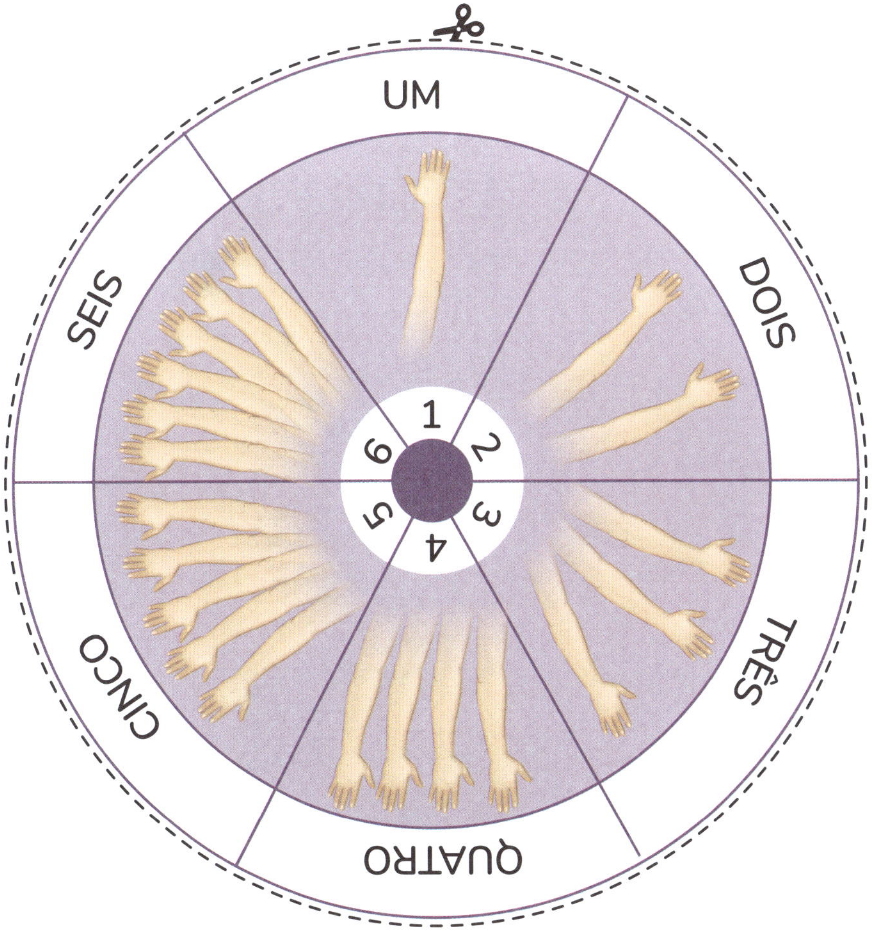

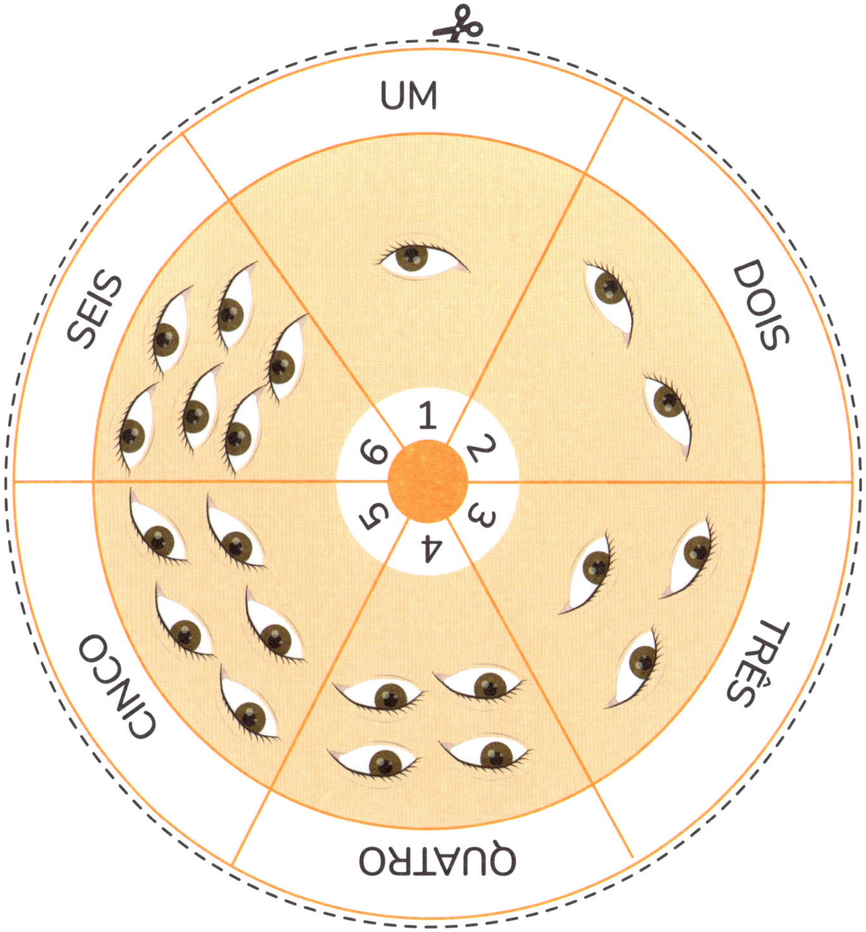

ILUSTRAÇÕES: LUIZ LENTINI

PÁGINA 21 – PEÇAS DO JOGO "OLHANDO DE CIMA"

\- - - - - - - - - RECORTAR

.... DOBRAR

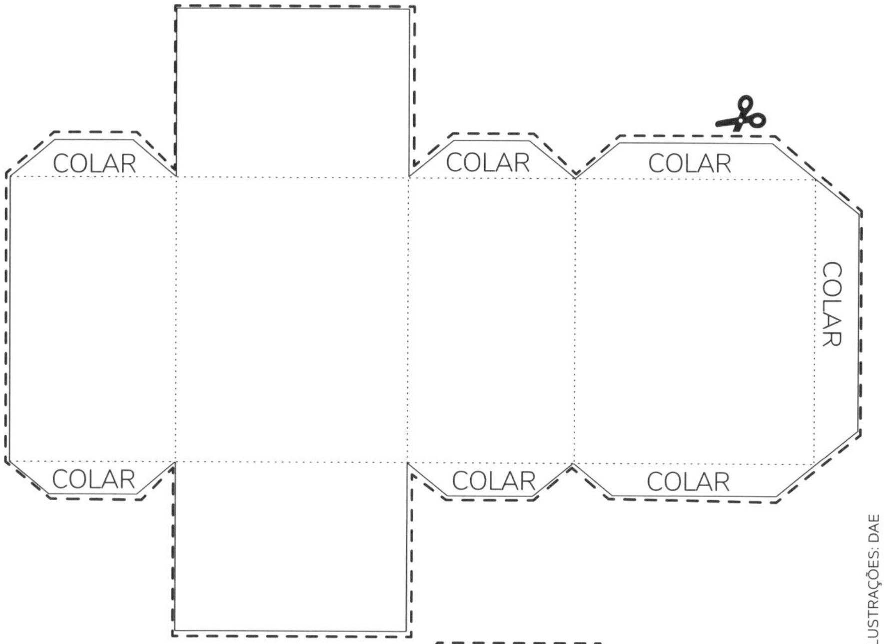

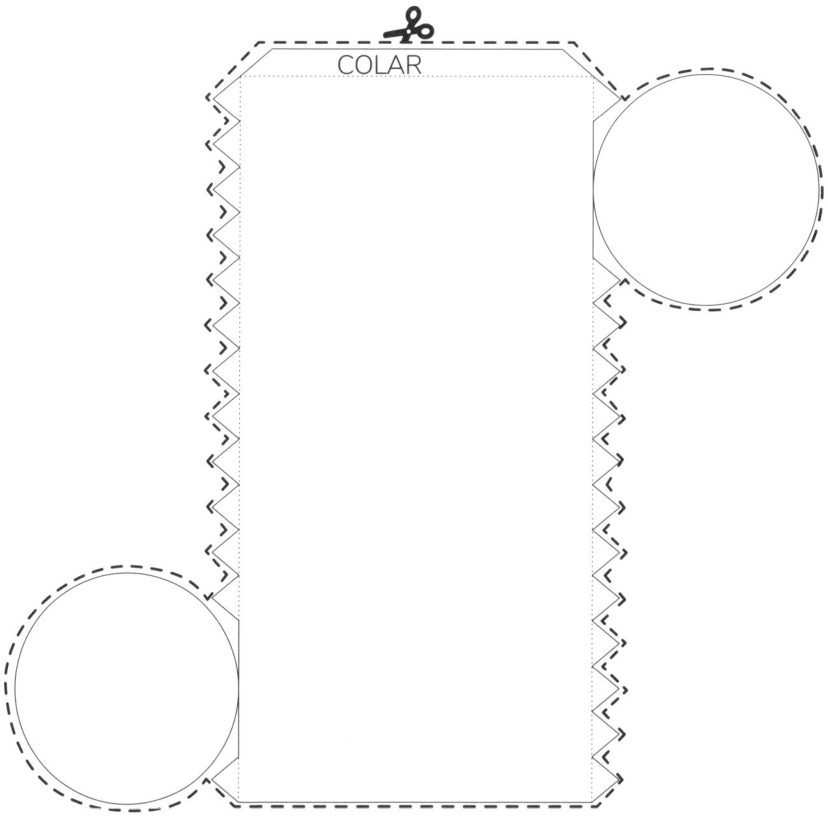

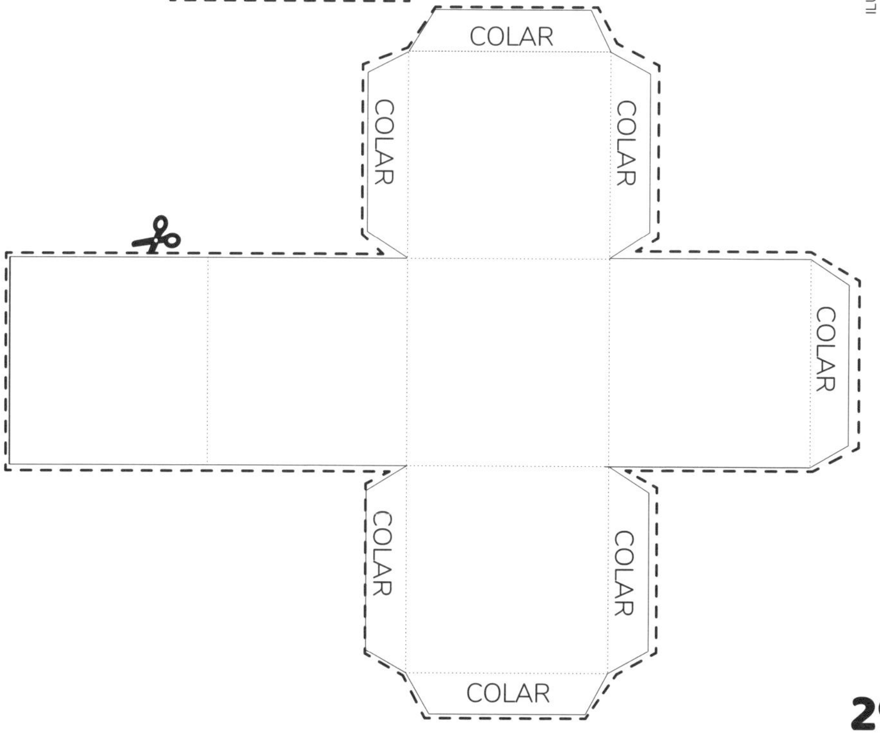

ILUSTRAÇÕES: DAE

PÁGINA 22 – PEÇAS DO JOGO “A FLOR ENCANTADA”

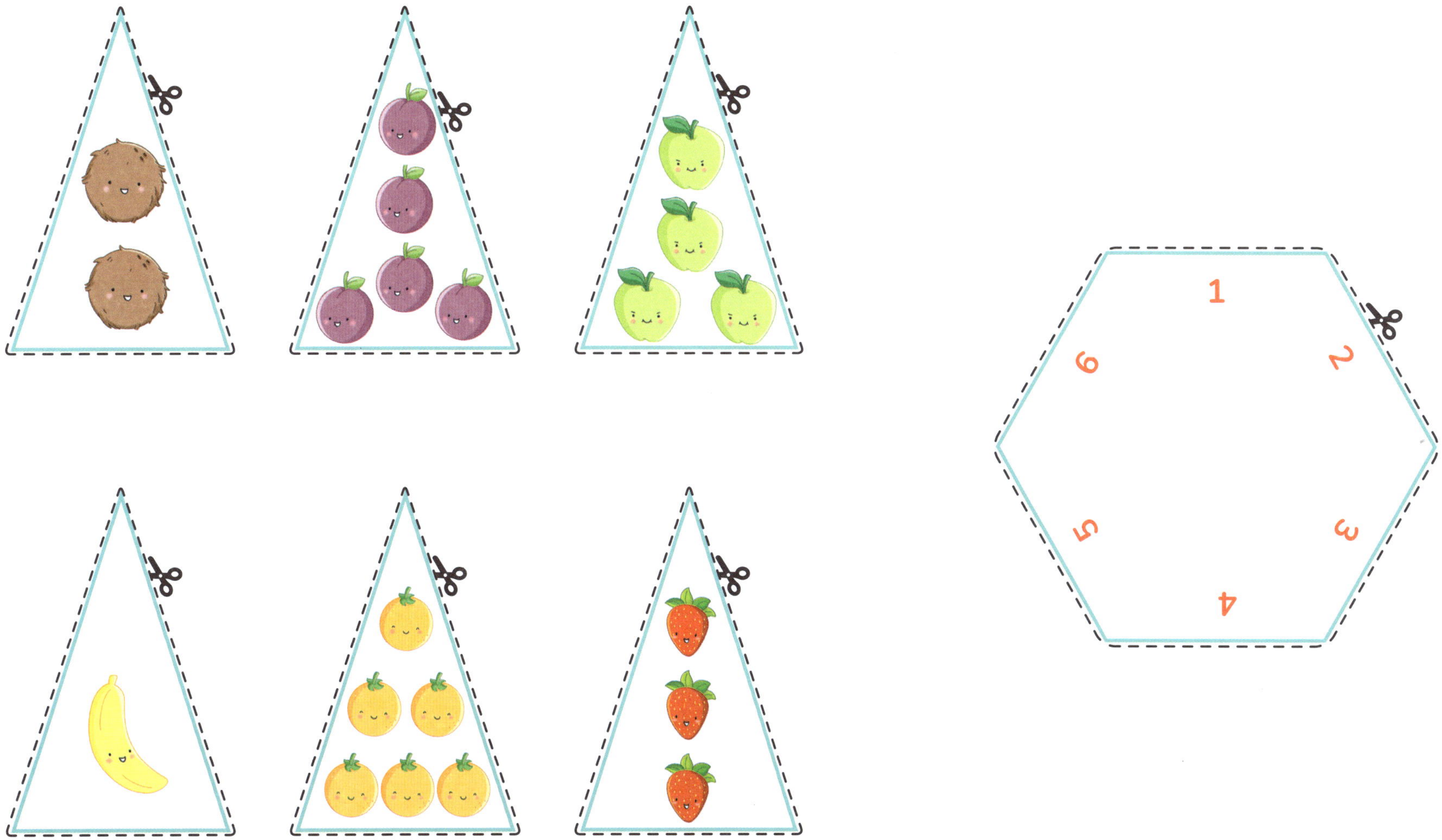

ILUSTRAÇÕES: HENRIQUE BRUM